Cristiane Neder

Uma Vida de Poesia

Cristiane Neder

Uma Vida de Poesia

Coletânea de poesias 30 anos - entre os anos de 1987 até 2017

JustFiction Edition

Imprint
Any brand names and product names mentioned in this book are subject to trademark, brand or patent protection and are trademarks or registered trademarks of their respective holders. The use of brand names, product names, common names, trade names, product descriptions etc. even without a particular marking in this work is in no way to be construed to mean that such names may be regarded as unrestricted in respect of trademark and brand protection legislation and could thus be used by anyone.

Cover image: www.ingimage.com

Publisher:
JustFiction! Edition
is a trademark of
International Book Market Service Ltd., member of OmniScriptum Publishing Group
17 Meldrum Street, Beau Bassin 71504, Mauritius
Printed at: see last page
ISBN: 978-620-0-49185-5

UMA VIDA DE POESIA

DE

CRISTIANE NEDER.

COLETÂNEA DE POESIAS 30 ANOS
ENTRE OS ANOS DE 1987 ATÉ 2017.

DEUS TRANSFORMADO

Deus transformado
em vinho de Baco.
Deus mastigado
no pão que o diabo
amassou com o rabo.

Deus nas alturas
onde o vento o derruba.
Deus comunista
sobre o solo de Cuba.

Deus indecifrável
na leitura dos lábios.
Deus apagado
sobre os olhos dos sábios.

Deus transformado
em luz.
Deus que deixou
seu filho pregado
na cruz.

SEM DESTINO

Não precisa de bilhete
tchau, vai sem deixar rastros,
vai saciar a tua sede
em outros braços.

Vai calado
sem diretriz.
Para qualquer lado,
vai ser feliz.

Esqueça sua nação,
esqueça seus pais.
Esqueça qualquer paixão
que deixou para trás.

Vai, não faz hora,
pára de ter medo .
A liberdade mora,
para os que acordam cedo.

Vai para o leste,
ou para o norte.
Vê se investe
na tua própria sorte.

EM UMA SÓ UNIDADE

Bis,
heteros,
homos,
todos nós somos
nos dias de cio.

Animais
todos sexuais.
Raça pura,
destilada em outras misturas.

Animais,
pensantes,
fabricantes,
da origem
dos habitantes.

Bis,
heteros,
homos,
é o que somos
em uma só unidade.

DUALIDADE

A dualidade
está na incerteza do olhar
ou na convivência de viver só
na imensidão desta cidade.
Seres se atropelam
enquanto atravessam os faróis,
e a vida é uma contradição de sinais,
uns vão para direita
outros para esquerda,
mas todos se encontram
no centro deste país.
A felicidade é muito pequena
para morar no Brasil.
O jovem pensa em prestar
o vestibular,
mas seu coração está na Europa
a milhas daqui,
e dois destinos
não cabem numa mala só.
É vencer agora
ou morrer para sempre,
a dúvida causa medo
mas também seqüestra os sonhos,
e amar não é por acaso.

DEIXO O RIO

Deixo o Rio
como um pássaro ao voar,
olho seu azul anil
sobre as ondas do mar,
como se fosse transbordar
para o resto do Brasil.
Seu olhar é de cinema
mas meu pousar é sobre Ipanema,
e nesta areia vou até aonde
minha vista alcançar,
e a paixão é cega,
é quase como uma viagem inteira.
Deixo o Rio
como um pássaro ao voar
levo um pouco deste calor
deste sol do Arpoador
para o meu jardim particular
em outros cantos que passar.
Deixo o Rio
como um pássaro ao voar
levando a solidão do Cristo Redentor
para os quartos dos hotéis,
como se fosse transbordar
para o resto do Brasil.

OLHINHOS AZUIS

Olhinhos azuis
te componho um blues.
Olhinhos que brilham
mais forte que a luz do néon
num holofote quando é madrugada.
Olhinhos repletos
de dias incompletos.
Olhinhos azuis
te incomodo em querer te conquistar,
embora meus olhos não conseguem acender
um inferno sem gás.
Olhinhos azuis
te comparo a cor das estrelas
depois que as gueixas
acabam de fazer amor.
O Farol do Leblom
não consegue ser tão bom,
quanto teus olhos acesos
na escuridão.

ASSIM COMO UM DROGADO

Assim como um drogado
buscando o medo,
com a coragem de um bandido,
como um raio de trovão
pelas noites alucinantes do Leblom,
como um despertador quebrado
nas manhãs quentes de verão.

Assim como um drogado
buscando a dúvida,
sem ter medo
de ficar só com a razão,
de despertar a fragilidade
no colo frio de um soldado,
esperado em pé cansado
um grande amor chegar.

Assim como um drogado
buscando vultos na escuridão
na eternidade da madrugada,
no ceticismo do silêncio,
nas paredes em movimento,
deslocando sombras deixadas no chão
através de uma alucinação.

"PRINCESAS" DO SENDERO LUMINOSO

Meu coração é palestino,
judeu e norte-americano,
meu coração é clandestino
como o amor solitário
das mães da Praça de Maio.
Porque quem inventou
esta geografia das raivas
tem uma nacionalidade minúscula
para caber no mosaico da alma humana.
Nós "pequenos burgueses" comunistas
somos muito esquizofrênicos,
porque uma parte de nós
quer ser testemunha de todas as verdades,
queremos ser os vingadores
das injustiças sofridas
pelos fracos e oprimidos,
e ao mesmo tempo os defensores
de sistemas autoritários de esquerda.
Criando argumentos
para justificar as prepotencias
que só enxergamos nos outros.
Nosso espelho está nublado
nossa cinza está fria,
portanto, viva a clarividência escondida
que há nas " Princesas" do Sendero Luminoso.
Meu amor é sem ecstasy,
amo todos os seres
acima de todas diferenças
que apartam o apartheid.

A FLOR VERDE E AMARELA

A fantasia dos seus olhos
sobrepõe a minha nudez,
visto a olho nu
todo homem prematuro é burguês.
Não tenho mais a memória
que o homem gostaria de ter
do lado de fora da história,
mas o sol do meu lado
desmancha o frio
do ventre que lhe pariu.
Já não sou um filho a mais
entre os mil
da pátria amada chamada Brasil.

Não sinta tanta dor
entre as chamas da guerra
sobrepõe um pássaro voador,
cagando sementes sobre a terra
jogando adubo sobre uma flor,
aquela flor verde e amarela
doente por sua estranha cor,
que precisa das águas do azul do mar
vinda do exterior.

Eu vou lavar a minha alma
num barril de petróleo
e acender um pavio
no cordão umbilical
que me une ao Brasil,
e arrancar a flor verde e amarela do meu peito

por um motivo de amor,
para que se torne vermelha
nas águas do exterior.

SEJA MARGINAL, SEJA HERÓI.

Olho o sorriso da puta
ela sorri ao meu cachorro
enquanto eu passeio na rua,
e meu vira-lata abana o rabo
em sinal de amor completo.
Há beleza no reflexo
dos marginais: pois um sorri para o outro
recolhendo a luz que ficou para trás.
Seja marginal, seja herói
viva o Glauber Rocha
que há dentro de cada um de nós.
Eu amo o piercing implicíto
dentro do sexo explicíto.
Eu amo os seres desajustados
os ateus abençoados,
as migalhas dos punks embaixo dos seus coturnos.
Há muita beleza escondida
dentro de cada ser humano,
que não vai no cabelereiro
maquiar o que acha feio.

MENORES

Os menores fumam maconha
na Praça da Sé,
já perderam a vergonha
e também a fé.

Tomam leite das prostitutas
suas mães da noite e do dia,
encantados com o berço da rua
acreditam em uma saída.

Sonham debaixo do frio
com mulheres penduradas em bancas,
e sentem um espaço vazio
de todas serem escravas brancas.

Penduram -se no vidro do meu carro
todas as manhãs,
pedindo um trocado
me oferecendo balas de hortelã.

Os menores
não foram crianças,
sempre foram maiores
desde a infância.

O ÚLTIMO SUICÍDIO

Ele caiu do décimo andar,
minhas pernas ficaram bambas,
meus olhos pararam no ar,
meu corpo gelado não conseguia berrar,
por suas idéias
que não tinham vida
em outro lugar.

Ele gerou um bebê de proveta
em folhas brancas
dentro da minha gaveta,
eram letras azuis
da tinta da minha caneta,
eram letras que vinham
da minha cabeça.

Ele caiu do décimo andar,
suas patas ficaram no chão,
e não passou sequer um pedestre
para tirá-lo da multidão .
O povo passava
parava e olhava,
e não conseguia entender a sua evolução,
de se jogar pela janela
atrás de um raio de sol.

O povo chamou a polícia,
ligou para os bombeiros,
e logo virou notícia.
O povo queria isso mesmo
massacrá -lo na minha frente,

e eu com sarcasmo olhava
o meu cérebro ir embora
como um indigente
para o IML.

PRESTES

O país está Prestes
à democracia.
O país está Prestes
aos sonhos juvenis.
O país está Prestes
a um hino não lusitano.
O país está Prestes
a mudar sua bandeira,
e tirar o progresso da frente do homem.
O país está Prestes
a uma história sem grades.
O país está Prestes
a um choro de alegria.
O país está Prestes
às terras sem donos.
O país está Prestes
aos direitos humanos.
O país está Prestes
ao verde do planeta.
O país está Prestes
a levar sua coluna
para sustentar as bases da nação.
O Brasil está Prestes a tudo,
diante deste país.

Nota: Poema feito em homenagem à Luis Carlos Prestes: líder-tenentista comunista mais famoso do Brasil principalmente nas décadas de 60 e 70, décadas de grandes manifestações da esquerda brasileira contra a ditadura.

URUBUS DO INVERNO

Urubus do inverno
devoram os corações
com a frieza da alma.
São velhos por dentro,
novos para o vento.
Urubus do inverno
são brancos
cobertos com a neve,
voam em bando
para a Paz Celestial
atrás do sangue amarelo.

São velhos por dentro,
novos para o vento.
Moralistas, moralistas,
cagam em grandes monumentos.
Usam saia por debaixo da calça,
são Papais Noéis no Alasca
em época de Páscoa.

Urubus do inverno,
um dia chegará o verão,
e o frio que sustenta a maldade hoje
amanhã servirá de remédio,
e os ninhos deixados pelo Oriente Médio
cairão sobre o tédio,
e não sobrará sequer uma palha
para mover-se no deserto.

REVOLUÇÃO LA BRASIL

Um dia os mendigos
se agruparão em tribo
e na madrugada tomarão o trono
e será uma noite sem retorno .
Seus vira-latas se transformarão em dragões
e os castelos vão tornar-se porões
e será o retrato de várias revoluções.

Um dia chegará a revolução
viva, em carne viva,
fora das telas da televisão.
Negrinho vai ser chamado
de Mr. Black,
e a cabocla vai levantar o seu topete,
e vai ser o melhor carnaval
com carne seca e confete.

A noite não terá retorno,
o dia não terá retorno,
e o caboclo será o dono
de todas as terras,
para plantar mandioca
e montar uma refinaria de farinha,
e nomeará a preta velha
" a saudosa rainha ".

REVOLUTION

Rebelem-se, profetas,
antes do purgatório.
Suicidem poetas,
dentro de um escritório.
Desapareçam bactérias
de dentro do laboratório.
Vivam as idéias do revolution
de corpo e alma,
de carne e osso,
de idéias e de sonhos.
Revolution à todos,
revolution de todos,
para satisfazer o nada de tudo.
Revolution, revolution
o homem não pertence a nenhum país
que o faça carregar a bandeira como cicatriz.

DITA DURA

Dita
o progresso,
dura
o retrocesso.

Dita
palavras,
duras
pancadas.

Dita
educação,
dura
analfabetização.

Dita
riqueza,
dura
pobreza.

Dita
ao homem,
dura
o consome.

Dita
tudo,
dura
nada.

TEMPOS DE OURO

Será que eu serei moderna
há sessenta, cinquenta, quarenta
ou trinta anos atrás?
Talvez o tempo me desse chances de recomeçar
sem ver a locomotiva passar pelo meu pensamento,
sem soltar fumaças,
sem levantar poeira
por onde quer que passasse.
Talvez conhecesse Pagú
e contasse os sonhos de revolução,
eu poderia até ser amiga do Andrade,
e dividir as mágoas
de uma jovem na tenra idade.

Será que eu serei moderna
frequentando os salões de chá de Copacabana,
os cassinos da Urca
em plena invasão norte - americana,
escutando o rádio como único meio
de saber as notícias
do mundo inteiro?
Talvez o Getúlio mandasse me prender,
mas ele teria muito trabalho
em me deportar
para o país dos meus sonhos
em tempos de ouro,
onde os militares
nunca conseguiram chegar,
com suas armas cheias de ferrugem
na solidão de os acompanhar.

Será que eu serei moderna,
há sessenta, cinquenta, quarenta
ou trinta anos atrás,
ao declarar as minhas poesias
a um homem sem pudor,
e alisar os seios
das virgens pedras do Arpoador?
Eu queria , eu queria ser moderna
há muitos anos atrás,
porque talvez o tempo
me desse chances de não envelhecer.

O PAÍS DO CARNAVAL

Meu bom menino,
abre alas, que eu quero passar!
Precisam de fantasias,
para no fundo desmascararem
todas as suas ilusões.
Entre estes quatro dias
podem sair pelados
num carro de alegoria.
Podem tomar quantas biritas desejarem,
amar quantos amores estiverem sem par,
e até mesmo beijar
um travesti com seios de manequim
por detrás da Igreja do Nosso Senhor do Bonfim.
Não importam suas origens,
pois até um turista
segue o trio elétrico,
até o fundo do cartão postal.
Depois que os quatro dias passarem
só vai sobrar a ressaca,
e uma vaga lembrança
de um sonho de criança.
Triste país do carnaval,
triste país que precisa de carnaval
para justificarem os moralistas que são.

DEUSES MORTAIS

As prostitutas
são damas puras.
Os bêbados
são maltes envelheidos.
Os velhos
são monumentos descascados.
Os debéis mentais
são loucos saudáveis.
Os pretos
são brancos pintados.
Os homossexuais
são casais desencontrados.
Os ateus
não acreditam nos seus pecados,
porque os deuses foram todos vendidos.

A CLASSE MÉDIA

Eu esse monstro que me criei,
dentro dessa classe medieval
em que jamais eu hei de ser rei.
Essa classe embrionária
que vive em cima do muro
diante de uma revolução de costumes,
e só tira sua máscara no carnaval
representando o purgatório da sociedade.

A classe média quer um dia ficar rica,
mas mesmo tendo tanto dinheiro,
vai continuar arrotando na mesa,
e peidando no banheiro .
A classe média compra seu carrinho,
que mais parece uma carroça
que leva os homens na frente
e as mulheres atrás
e as crianças no colo,
berrando nas suas orelhas de burros motorizados.

Se depender da sua independência
para ser feliz algum dia,
a classe média vai ser sempre doente
andando em volta sempre do seu umbigo,
de narcisistas contemporâneos
aprendizes de velhos costumes
que nunca são espontâneos.
A classe média, que hipocrisia!
Eu finjo ser dela
para que ela não fale mal de mim algum dia.

DALÍ

Dalí está ali,
está aqui
abaixo de tudo
sobre nós.
O vermelho parasita
desbota-se virando rosa
na figura de uma abóbora.
Sua mão em transformação
entra dentro de uma virgem
deitada em cima do altar.
Cai a chuva dos seus olhos
sobre uma miragem de sol
na deserta tela.
Dalí está ali
perto de Lorca,
sentindo o amor
sem saber transformá-lo em cor.
Dalí está ali,
com a janela aberta em exposição
tentando enquadrar o arredondamento do mundo.
Dalí é um poeta
na escuridão,
onde todas as formas desenvolvidas
são abolidas com a imaginação
abaixo de tudo
sobre nós.

nota: Poema feito em homenagem ao pintor surrealista-catalão, Salvador Dalí.

MEU CORAÇÃO

Mutante,
meu coração
a todo instante.
Chora baixinho
sem calmante,
pois não tem mais idade
para passar por amante,
numa tarde ensolarada
dentro de uma loja de doces
sem refrigerante.

Meu coração
não tem mais sossego,
vive reclamando do seu desemprego.
Não chega mais em casa
de manhã cedo,
volta antes de terminar a madrugada
para dormir com os morcegos.

Meu coração
precisa novamente
de um primeiro amor,
para envelhecer
e ocupar o vazio
do penúltimo que partiu.

TRISTINHO E MEDONHO

Eu tenho medo desse Deus,
desse Deus tristinho e medonho.
Eu tenho medo desse Deus
empalhado nos sonhos,
onde as saudades são de pedras
e o coração é humano.

Eu tenho medo desse Deus
que deixou Cristo com as mãos
furadas na cruz,
e que só na minha maturidade
eu pude tirar o martelo da minha bandeira
para livrá-lo da igreja burguesa.

A trilha vai para longe
e eu morro de medo
desse Deus tristinho e medonho,
que liberta os homens da vida
e os amarra diante dos seus sonhos
que não se disfarçam de eclesiáticos.

EU VOU JOGAR ADUBO NAS TERRAS DO CÉU

Eu vou jogar adubo
nas terras do céu,
e encontrar fertilizante
para crescer asas
nas costas de um réu.
Eu vou jogar adubo
nas terras do céu,
para que a chuva não desça
e assim no alto
se mantenha presa,
jogando os frutos semeados
sobre a nossa mesa.
Eu vou jogar adubo
nas terras do céu,
para que nas nuvens de algodão
saiam folhas verdes de um pé de feijão.
Eu vou jogar adubo
nas terras do céu,
para que os santos de barro
não passem de uma poça de lama.

OS BARCOS

Os oceanos levam os barcos
pro fundo da imaginação,
como uma caixa que se abre no oceano
guardando os perigos que saem do coração.

Os lagos levam os barcos
pro fundo de uma ilusão,
na mesma corrente que navegam os mágicos
colhendo os frutos
que secaram no verão.

Nos portos partem os barcos,
sem dia de devolução.
Os barcos são pedaços de alma
em nove meses de gestação.

AMOR BANDIDO

Venha nascer na noite
no meio da escuridão,
e amanhecer nas páginas dos jornais
manchadas de sangue e solidão.

Amor bandido,
venha me encontrar,
ficar comigo
antes que resolvam te roubar.

Caia do abismo
como um anjo mal,
para o paraíso
do meu coração marginal.

Amor bandido,
venha me matar,
levar a minha vida com você
para qualquer lugar.

VERSOS NO BANHEIRO

Meu amor inacessível,
feito o céu que não posso tocar,
feito a neblina invisível no ar,
feito o véu que encobre o seu olhar.
Escrevo versos no bar,
na porta do banheiro,
para o primeiro bêbado que chegar
espalhar ao mundo inteiro.

NEDER A TODOS

Neder a todos,
só não me quebrem aos pedaços.
Neder a todos,
só não me ponham em frasco
de lança-perfume,
e depois me cheirem para ter emoção
e no outro dia caiam no chão.

B B
R R
A A
S Z
I I
L L

A
BORTO
A
PALAVR
A

SERES VIRGENS

Meu cérebro escarra
por todos os lados
e fica pedaços de mim
em todos lugares que passo.
Já não tenho
mais nação para morar,
e o meu teto
é um pedaço do céu
em todas as partes da terra.
Sinto-me cada vez mais inacabável
quanto mais tento me completar.
Não me completo jamais,
fica sobrando
sempre um resto de mim
como um grão de café
mal passado no moedor.
Minha respiração impulsiva
deseja todos
os seres virgens do planeta,
e todas as pessoas
são sempre virgens
quando acabo de conhecê-las,
e por mais que elas
tentem me completar
fica faltando um pedaço
delas dentro de mim.

ÁGUAS DE FORESTIER

O vinho que toca seus lábios
desperta o pecado
em um pobre pagão
que sonha com o paraíso,
onde todas as águas
se transformam em vinho,
dos rios, lagos, marés e cachoeiras,
salgadas, doces, porém todas vermelhas.
Lavando seus pés,
molhando os seus seios,
escorrendo sobre todo seu corpo
o doce veneno,
que nos embriaga a sede de outras paixões.
Pequenos Bacos
brincando de serem anões,
e todo pecado será desculpado
por todo motivo impulsionado por prazer.
Toda musa será Deusa,
todo ateu será José,
e o pecado é não beber
da fonte das águas de Forestier.

MEU AMOR, MINHA TERNURA

Meu amor, minha ternura,
minha Europa burra.
Meu filme erótico
que não passa pela censura.
Meu motivo de amargura
que me leva a atos de loucura.
Minha coca pura
para minha cabeça dura.
Meu amor, minha ternura
abre a minha fechadura.
Diz provérbios de ditadura
para um soldado sem cultura.

SOLDADOS DE CHUMBO

Os vermes são selvagens
ruins como pragas,
elementos enclausurados
dentro das suas mansões.
Parafusos de cavalos de aço
mecanicamente compostos,
como um nó no coração,
como uma veia aberta na janela
escorrendo a gota amarga
da ferrugem da maçaneta
cansada de bater contra o vento.

Asas de soldados de chumbo
no guarda- roupa penduradas,
esperando secar suas fardas
como garotos com as calças molhadas
que fazem xixi contra a lua.
Cupins devorando os seus pés,
pózinho alérgico no meu nariz
que bate contra o vento
esperando o tempo passar.

A ERA CIBERNÉTICA

Há anjos vivendo como bichos
e morrendo por prazer,
pois as pessoas já não vão
para a Europa passear,
vão buscar AZT.
Daqui a pouco
vamos pegar um ônibus espacial
para ir a Disneylândia
buscar robôs para trepar.
Vivo da atmosfera
da essência humana,
e busco no pólen de uma flor
um ácido para sobreviver.
A humanidade daqui a alguns anos
vai ter que inventar
uma cápsula para substituir
seu consumismo de imagens.
Tenho medo de envelhecer
diante de tudo isto,
e para não endurecer
meu coração de criança
vou deixá-lo num laboratório
mergulhado num vidro de formol,
para não desfazer-se
diante de tanta tecnologia.

BLECAUTE

Gaveta quebrada
toda vez solta farpas
quando lembro em te escrever.
Sorriso manchado
de um porre mal amado,
foneticamente bonito
como um cesto de lixo,
cheio de cartas de amor
que pensei um dia te mandar.
Xícara de café amargo
esfriando em cima do piano,
música de Fryderick Chopin
arranhada por um louco sobrevivente,
quadro torto pendurado na parede,
óculos faltando uma lente
em cima do livro empoeirado,
olhos perdidos no espaço,
blecaute total
sobre a minha criatura,
caixinha de costura
aberta sobre a mesa da televisão.

CAEM AS GOTAS

Caem as gotas
da minha cabeça em chamas.
Me derreto como vela
que se evapora
voltando em forma de neve.

Caem as gotas dos meus olhos,
escorre o colírio
sobre a minha janela de vidro,
que vê o mundo em tempestade
sobre uma plantação de girasóis.

Escorre as gotas
que babo de loucura
pela loucura dos homens,
que fervem de febre
nos dias de frio.

Aqui dentro é um deserto
lá fora uma ilha deserta,
e caem as gotas
sobre o meu guarda-sol.

OLHAR CONSUMISTA

Nestes nus
que tento seduzir
meus olhos ficam vazios
de tanto te invadir.
Os teus olhos
que saem da platéia
chegam a me contaminar
estragando
minhas idéias velhas,
que eu tinha no lugar
e pensava que eram valiosas
com um quadro de Picasso.
Todo amor
tem seu traço aberto
na hora agá de se apagar.
Minha vida consumista
faz do amor
um objeto vulgar,
cheio de coisas novas
numa vitrine sem par,
e meus olhos
cheios de desejo
querem te consumir
a qualquer preço.

SEXUALIDADE

Eu sou heterossexual
sou roxo.
Eu sou homossexual
sou cor de rosa.
Eu sou bissexual
sou violeta neon.
Eu sou trissexual
abro meu leque na mão.
Eu sou quadrissexual
sou amarelo-limão.
Eu sou quinssexual
sou laranja-dourado.
Eu sou seis vezes
a cor do pecado.
Vou mudando de cor
até chegar no estado puro dos tons.
Sou branco virgem
na tonalidade assexuada.

UM DIA DE FOME

Hoje eu resolvi comer
num boteco perto de onde moro.
Eu tenho que sair todo dia
é necessidade extravagante,
mas é que eu ando meio depressiva
desde quando deixei a minha casa
e me mudei para um apartamento.
Aqui não tem quintal, nem tem sol
e a praia de Ipanema
está a tantos quilômetros distantes,
que de vez enquanto feito louca
abro o guarda-chuva em São Paulo
pensando que é o guarda-sol.
Essa coisa de empilhar pessoas
como se fossem cubos
é coisa de engenheiro e não de poeta.
Me dá tédio esta falta de privacidade,
já cansei da cara do meu porteiro
e mesmo assim ele me diz bom dia.
Sinto-me sufocada neste apartamento
como se fosse um peixe num aquário.
Enquanto penso nestas mirabolantes coisas
meu hambúrguer mal passado
vem num pão de forma
cheio de colesterol,
mas a vida é diet e a gordura é pouca.
Olho as pessoas do meu lado
quero conversar com alguém,

qualquer coisa banal,
perguntar se a cerveja esquentou,
ou se a folha de alface está bem lavada.
Dizem atualmente que a inteligência
e mais emocional do que racional,
por isso me sinto uma cobaia
num boteco de bairro,
é duro pensar como no primeiro mundo
num lugar de terceiro mundo,
você vê as pessoas
mas elas não te reconhecem,
e o meu hambúrguer
tem mais gosto de tomate e de papel
do que de carne.
Olho as pessoas
e endoido de vez,
acho que o homem é isto mesmo
matéria do medo,
e da fome que percebo
nos olhos dos bêbados,
e tento ficar imparcial,
pois eu só vim passar o meu tempo.
Então para que refletir tanto
na banqueta de um boteco
como se fosse Nostradamus?

CHEIRO DE MOFO

Vão se foder os materialistas históricos,
pois eles não sabem os desejos
que consomem os meus olhos.
A crise do tédio
está nela mesma,
e na triste poesia
que assusta o consumidor.
Vão se foder
os pragmáticos demais,
que não sabem
que cada grão de areia
depende da cor do chão.
Vão consumir os livros
enquanto eles ainda
consomem a poeira da estante,
pois depois a poesia vai ser transformada
em CD-ROM,
como uma flor de plástico
que nasce no quintal sem gota para molhar.

INOCENTE MENTE

Penso em revólveres
em armas e nos últimos explosivos atômicos,
porque amo tanto e de tanto amor
sinto a falta de violência.
Passo dias olhando pássaros
na avenida e nem imagino
que eles são trombadinhas.
Passo dias vendo fadas
nas esquinas e nem imagino
que elas são putas.
Passo dias vendo
os olhos das pessoas
e não consigo ver a agressividade do poder.
Será que é a minha falta de malícia,
ou são as outras pessoas
que enxergam tudo com exagero,
e devoram o monstro com a cobiça
que elas tiveram o trabalho de inventar.

LAR EM TRANSE

Passa o tempo
na janela
um dia a mais
a florescer debaixo
destes olhos de poeta.
O calor que faz no verão
não é maior
do que o frio da solidão.
Vejo os homens
com seus temperamentos
quase que descobertos
em seus olhos semi abertos
dos quais visualizo esconderijos repartidos.
Eu aquí da minha varanda
sentada perto
do jardim do meu quintal,
chego a sentir o odor
que exala o haxixe
que brota da propaganda
na página da revista,
que leio em transe
enquanto meu lar
descansa em paz.

OS COLARINHOS BRANCOS

Colarinho branco
de pano de seda nobre
endurecido através
de goma norte-americana,
colarinho de bacana
que senta no Congresso
e se isola da miséria humana.
Colarinho branco
por fora
com cheiro de merda
por dentro,
colarinho de coronel
ou sargento.
Colarinho branco
de homem
com perfume de amante,
na Rua Aurora,
aonde o político profissional
vai aprender
com a puta a se purificar .
Colarinho branco
de gente
que nasce para vencer,
mas se vende
para conseguir o poder.
Colarinho branco
furado de traça,
com medo de se amarelar

no jogo do bicho,
ou no tráfico de drogas,
colarinho de gente
que nasce de contrabando,
compra a camisa no Paraguai
como se fosse de grife européia.

SENTIDO SEMIÓTICO

Sinto medo
sinto tudo de uma vez só,
coração é amador
como um decodificador
de uma televisão estérea.
Teu aspirador de pó
dentro do meu peito vazio
deixa um enorme falha
nestes dias de frio.
Penso que todo
sentido semiótico
num caso passageiro
é puro jogo de imagens
num cartão postal
enviado do estrangeiro.
Teu sorriso mensageiro
leva a alma ao corpo nu
em questão de segundos
e segundos são mais do que palavras,
são gestos inacabados
que se completam na cama.

TODA PALAVRA

Rasure o seu pensamento
que você acabou de imaginar,
ao ver este verso
saltar do papel.
Rasure a tonalidade da cor
ao imaginar que o vermelho
poderia ter sido cinza
na sua natureza morta.
Respeite o oxigênio
das palavras,
porque elas todas podem serem rasuradas,
ou simplesmente mortas
pelo silêncio.

A VACINA CONTRA PARALISIA

Eu sou antes de tudo
uma poeta,
antes mesmo
de ter tomado
a vacina contra a paralisia infantil,
e me vacinei
contra outras paralisias também.
Fui ser comunista
por princípio cristão,
pois Cristo era socialista
como um pagão,
e eu me criei
entre a Cruz e a Foice,
entre a Vacina contra a Paralisia
e a militância contra a burguesia.

QUANDO ME EXILO

Quando me exilo
deixo morto um registro
de tudo que vivi
num país clandestino.
Quando me exilo
retiro o som do meu ouvido
das palavras mudas
que escuto na fala das pessoas
e das receitas pluralistas de poder,
porque quando me exilo
há sempre um soldado da última geração
aguardando um lugar na fila de espera
de um país em primavera,
porque os outdoors
com propaganda de democracia
estão todos frios na cidade.

QUANDO VEJO O VERBO

Quando vejo o verbo
babo de prazer e de surto,
babo que é um absurdo
de gostar de palavras
como se gosta de trepar,
e de marginalizar o ato de escrever
como o ato de se masturbar.
Quando vejo o verbo
tenho crise de primeiro amor,
ele aparece antes da qualidade
do ser denotativo,
servindo como instrumento
de combinação entre figuras estranhas.
Quando vejo o verbo
penso em rimar
solidão com amor,
e preservo a bactéria
em qualquer palavra aberta
para se acasalar no poema.

Queria experimentar no seu corpo
todos os lugares do mundo juntos .

Queria experimentar
todas as alturas do mundo
ao seu lado,
e perder o medo
de andar pelo céu
e conversar com os anjos .
Queria voar
e cair sem pára-quedas
para te abraçar bem apertado,
e sentir o vento denso
das cordilheiras do Himalaia
e o silêncio e o calor
do Deserto do Saara,
pois no teu corpo
há todos os lugares belos
do mundo juntos tatuados,
há todas as maravilhas
imaginadas e sonhadas
do planeta terra
na sua mais exata perfeição,
pois por onde você passa
sua pele recebe a energia
de cada lugar especial,
e registra na tua pele
um pouco de cada cultura.

EM LONDRES A VIDA SE PROLONGA

Em Londres
há folhas velhas
da primavera
e amores novos
do verão.
Há cicatrizes
nas ruas antigas
e há promessas
nos verdes parques
de renovação.
O Big - Ben
marca as horas
com o ponteiro
coberto pela sedução
que prolonga a vida
em cada estação.

LONDRES COM ENCANTO

Não sei ver cinzas

numa cidade

onde só me inspiram flores.

Não sei ver

a cor opaca das cores,

numa cidade

onde todas as pessoas

são elegantes,

dentro das suas almas

e das suas roupas finas.

O SILÊNCIO DOS SOLDADOS REAIS DE LONDRES .

O soldado não sorri,

mas seu pensamento

é de um garoto

que usa botas.

O soldado

não sorri,

mas guarda no peito

o primeiro amor

de quando era adolescente.

O soldado não sorri

para não magoar ninguém,

afinal as pessoas

querem o ver

na postura de soldado,

porque só os poetas

podem ver os soldados

como garotos e adolescentes.

O soldado não sorri,

mas empresta sua imagem

para a fotografia do turista,

e se mantém em pé

na porta do palácio

como uma obra de arte

da cidade de Londres.

O soldado não sorri,

porque sabe

que a cidade de Londres

já sorri para ele

o tempo todo.

O soldado

não sorri,

porque dentro do seu silêncio

guarda o personagem de herói.

O TELEFONE VERMELHO DE LONDRES

Hello ! Hello !!!
Eu quero falar
com qualquer inglês,
morador de Londres
ou com simples telefonista
da companhia telefônica da cidade,
e contar que a grande novidade
é que eu sou estrangeira
e que estou ligando
do telefone vermelho de Londres,
mesmo que ninguém atenda
deixa eu falar sozinha
só para experimentar
o telefone vermelho.
Já que eu não o posso levar
um modelo igual para casa,
pelo menos deixe eu falar
como um morador de Londres
fala o ano inteiro.

Hello ! Hello !!!
O telefone vermelho
pode fazer uma ligação

direta ao meu país?
Vou contar a todos meus amigos
que o telefone de Londres
é vermelho e que eu falo com ele
mesmo sem ele discar,
falo com ele
como se fala com uma flor,
mesmo que não responda
há enormes motivos
para mim telefonar.

A PRIMAVERA DE LONDRES

Quando nascem flores
em Londres ,
a cidade é o que sempre foi
florida por dentro
e colorida por fora.
Quando é primavera em Londres
a chuva cai do céu
para molhar os canteiros,
e toda gota solitária
acaba virando orvalho.
Quando é primavera em Londres
sempre nasce alguma flor
dentro da gente,
porque há um perfume
próprio da cidade
que se esconde na flor.

O OUTONO DE LONDRES

As folhas caem quase
mortas no chão,
mas a ventania que passa
as levam embora
até chegar ao Rio Tâmisa,
levando as folhas secas
do outono londrino,
para navegarem além da Inglaterra.
A mesma folha que seca
no outono é a que rejuvenesce
na primavera.
Londres
vive em outono constante,
quando caem suas folhas secas
sempre vem novas,
na vida e nos seus jardins.

O mundo whatsApp

O mundo moderno
cheio de whatsApp,
é muito sintético
para o meu coração
diabético.
Prefiro estar
no século passado
do que viver
no futuro
do pretérito.
Quando a pessoa
me fala para mandar
um what´s
eu fico pensando
nos meus papéis de carta
com cheiro,
na minha coleção de selos
e nos cartões postais
que eu trouxe do estrangeiro.

Sereias do ar

As comissárias de bordo
são sereias do ar,
trafegam por entre os anjos
e nascem das estrelas
como flores do luar.

TIMIDEZ.

Eu já fui tímida
quanto os tempos .
eram cinza,
quando eu e a vida
permanecíamos escondidas,
mas a democracia
me deu voz.
Agora posso sonhar
acordada,
abraçar sem legendas
escrever de madrugada
e não ter medo de nada.
Nem da ditadura,
nem de envelhecer,
nem de montar
em cavalo bravo,
nem de me apaixonar errado.
A Timidez
abriu a porta
da poesia na minha vida,
mas hoje já posso
fazer poesia atrevida.

CADA UM É COMO É

O que eu acho
das pessoas?
Na verdade eu não
acho nada,
bem que gostaria
de achar,
mas achar
é uma hipótese,
então na dúvida
não acho,
apenas observo.
Cada ser
é uma imensidão
como um oceano no escuro.
Cada um é
aquilo que quer
sem ponto final
apenas reticências.
Tem dias que podem
estar no inverno
e outros no verão,
seja frio, calor
ou meia estação.
Eu não acho ninguém
tão bom e nem tão ruim,
são apenas humanos
iguais a mim,
com seus trajes

para cada ocasião.
Eu sou apenas a poeta
não tenho que julgar nada
apenas sentir,
porque as pessoas
não precisam de mim
para existir.

MEUS PENSAMENTOS

Levo os meus
pensamentos
a todo momento,
eles são parte
do que sou
e são parte
daquilo
que não estou.
Eles são aquilo
que já vôo
e que permanece
no meu calor.
Eles são o reflexo
do momento
que estou
e do passado
do que sobrou.

Antropologia

Gosto
da antropologia
porque ela não julga
ninguém,
ela apenas compreende
que toda gente
pode ser de tudo
um pouco.
A antropologia
é a poesia
das ciências sociais,
ela nasce do homem
e farta o consome.

COMO UM CURDA

Eu me sinto um curda

porque não sou nem de direita

e nem de esquerda,

sou pela liberdade

pela filosofia

de viver de verdade,.

Sou curda

porque não apoio

porra nenhuma de ditaduras,

acho o Fidel tão feio

quanto o Geisel.

Toda farda é farda

todas tem sangue

nas suas mangas.

Eu sou pela iliberdade

meu amor!

Eu sou pela liberdade

meu dono é a minha vontade,

meu prazer não tem nacionalidade,

meu coração não tem cercas

e minha vontade de falar

não passa pela censura,

nem meu olhar

quando eu desejo

tem edição.

Eu prefiro morrer de bala

do que viver a vida inteira com medo.

NASCI E MORRERREI GRANDE.

Nasci grande,

nunca fui pequena.

Nasci grande

pela minha capacidade

de amar e sonhar.

Nunca fui pequena

nem em pensamento.

Nasci grande

desde quando engatinhava,

porque dentro dos meus olhos

o mundo morava.

Nasci grande

e me tornei maior

do que antes.

Nasci do tamanho

das minhas vontades.

Nasci e morrerei grande,

do tamanho das minhas estradas,

do tamanho das minhas paixões,

do tamanho de cada gente

que a gente leva dentro da gente.

QUEM JÁ ESCREVEU SOBRE CRISTIANE NEDER.

Cristiane, gostei muito das suas letras, são bem modernas. Vai em frente atrás do seu sonho sempre. Beijão. Cazuza. Carta enviada em 1984.

Comentários de Capa sobre seu primeiro livro Revolution em 1992:

Cristiane Neder, utilizando-se da expressão poética, busca refletir e revelar suas angústias, perplexidades e indignação diante de uma realidade peversa e cruel, materializada na cotidianidade capitalista brasileira . José Antônio Segatto.

Cristiane Neder tem aquela força de questionamento, de revolta e de idealismo que caracterizaram tantas gerações de jovens que confrontaram a sua pureza quase infantil com o cinismo do mundo contemporâneo.
Felizmente Cristiane consegue poetizar todos estes sentimentos desordenados, retratando o adolescente que guardamos no fundo do peito de cada um de nós.

Ana de Holanda.

Apesar de jovem, Cristiane consegue através dos seus poemas políticos recuperar um pouco da emoção perdida dos anos setenta, sem perder o humor e a ironia irreverente. A nova poetisa faz dos seus versos uma ameaça aos poderosos e à estupidez humana. Florestan Fernandes Junior.

Todos os ritmos, sobretudo os sociais, lá onde não chegou a sua aguçada e até certo ponto ingênua ironia, Cristiane Neder " nedifica " poesia.
Seus aforismos poéticos são sofismas ou pensamentos idos e vividos, que se enche muito cedo de amargura, ou de um meditar agoniado.
A poetisa alça vôo e alcança plenitude mais adiante, às vezes assumindo momentos líricos notáveis, certo nerudianismo, disfarçado entre Bandeira e Drummond,

ela assinala as boas influências recebidas e bem assimiladas. Paulo Dantas.

Carta recebida de Anita Leocâdia
em 1993: Prezada Cristiane, meus agradecimentos pelo envio do seu livro e pelas palavras bonitas escritas na dedicatória a respeito do meu pai. É motivo de alegria saber que jovens como você cultivam a memória de Prestes e procuram preservá-la. Isso é particularmente importante agora, quando os inimigos do socialismo tratam, de todas as formas de destruir a imagem do "Cavalheiro da Esperança". Parabéns pelo seu livro e os melhores votos de novos êxitos em 1993. Afetuosamente Anita Leocadia.

I have used some poems to teach foreigh students mainly from Europe and Russia. They appreciate especially the poems the guards by Buckingham Palace. Hugh C. Hellicar - Editor Beyond the Cloiser Publications - 7 de agosto de 1992.

Eu usei alguns poemas seus para ensinar estudantes do estrangeiro principalmente de Europa e de Rússia. Apreciaram especialmente os poemas dos Guardas do Buckingham Palácio. Hugh C. Hellicar - editor além das publicações de Cloiser - 7 de agosto de 1992.

QUEM É CRISTIANE NEDER:

É professora efetiva nos curso de Comunicação Social na UEMG - Universidade de Minas Gerais (Publicidade e Propaganda e Jornalismo). Membra da CLAV - Comissão Local de Avaliação da UEMG. Pós-doutorado na UFSC no departamento de antropologia Visual. Concluiu seu estágio pós-doutorado no Programa Interdisciplinar em Ciências Humanas (2013 - 2015). Formada pelo Colégio São Judas Tadeu em Propaganda e Publicidade, sendo Técnico em Publicidade. Trabalhou na área de criação de roteiros e anúncios na empresa VIP PROPAGANDA E MARKETING em SP na década de 90. Foi professora de propaganda e publicidade na FURB e foi professora do curso de propaganda e publicidade na Anhanguera Educacional, onde orientou os projetos experimentais na área. Possui graduação em comunicação social com habilitação em rádio e TV pela Universidade São Judas e mestrado em Ciências da Comunicação pela

Universidade de São Paulo. Doutora em Ciências do Audiovisual pela Escola de Comunicações e Artes - ECA da USP. É doctor honoris causa pelo Consejo Ibero Americano da ONU, título recebido no Peru. É também poeta, escritora e roteirista de cinema e publicidade, premiada nestas áreas. Ganhou em 2006 o prêmio Fra Urbanno Della Motta na Sicília - Itália como melhor autora estrangeira. Foi selecionada entre os 18 melhores poetas do mundo no Festival Eispoesia entre mais de 300 trabalhos enviados para a publicação em Vila do Conde - Portugal. Ganhou viagem para a Turquia, pela Revista Viagem e Turismo por melhor texto publicitário. Seu roteiro Mosaico de uma História de Amor, produzido pela CNT foi exibido no CIC - Centro Integrado de Cultura de Florianópolis - SC, em dezembro de 2006. Professora de graduação e pós graduação no Senac - SC, orientou diversos trabalhos no curso de pós graduação Latu Sensu em Artes Visuais, Cultura e Criação. Foi diretora de publicações na Revista Livros e Leituras e Estudos da Comunicação, publicado pela Editora Universitária em Lisboa - Portugal. Tem diversos livros de poesias e contos publicados pelo mundo. Sua dissertação de mestrado foi publicada na Fundação Mário Soares em Portugal: www.fmsoares.pt e foram publicadas a dissertação de mestrado e tese de doutorado no site: www.bocc.ubi.pt. Biblioteca On Line de Ciências da Comunicação da Universidade da Beira do Interior - Covilhã - Portugal. Foi bolsista da FAPESP com todos os relatórios aprovados. Foi pesquisadora da FUNADESP de 2012 até 2013 e hoje é parecerista deles. Foi curadora colaborativa da mostra de cinema CINEFRANCE - na faculdade Anhanguera - Uniban - São José - SC. Áreas de Concentração de estudos: cinema, rádio, televisão, comunicação audiovisual, redação publicitária, criação publicitária, roteiro de rádio, TV e cinema. Criação publicitária, poesia e literatura. É membra da Associação de Investigadores de Imagens em Movimento - AIM em Portugal; endereço eletrônico: www.aim.org.pt Faz parte do Conselho Editorial da Universidade do Estado de Minas Gerais - UEMG.

PRÊMIOS RECEBIDOS:

PRÊMIO INTERNAZIONALE "FRA URBANO DELLA MOTTA – Prima Classificata nella sezione Poesia Straniera. Accademia Internazionale Il Convivio – janeiro de 2006.

PRÊMIO EISPOESIA EM VILA DO CONDE – PORTUGAL – 1999. ENTRE MAIS DE 350 TRABALHOS ENVIADOS. SEUS TRABALHOS FORAM PUBLICADOS ENTRE OS 18 MELHORES DO MUNDO.

PRÊMIO INTERNATIONAL POET OF MERIT AWARD – EUA – 2002. INTERNATIONAL SOCIETY OF POETS.

MIX
Papier aus verantwortungsvollen Quellen
Paper from responsible sources
FSC® C105338

Printed by Books on Demand GmbH, Norderstedt / Germany